училище - école	2
пътуване - voyage	5
транспорт - transport	8
град - ville	10
пейзаж - paysage	14
ресторант - restaurant	17
супермаркет - supermarché	20
напитки - boissons	22
ядене - aliments	23
селски двор - ferme	27
къща - maison	31
всекидневна - salle de séjour	33
кухня - cuisine	35
баня - salle de bains	38
детска стая - chambre d'enfant	42
облекло - vêtements	44
офис - bureau	49
икономика - économie	51
професии - professions	53
инструменти - outils	56
музикални инструменти - instruments de musique	57
зоологическа градина - zoo	59
спорт - sports	62
дейности - activités	63
семейство - famille	67
тяло - corps	68
болница - hôpital	72
спешен случай - urgence	76
Земя - Terre	77
часовник - heure	79
седмица - semaine	80
година - année	81
форми - formes	83
цветове - couleurs	84
противоположности - opposés	85
числа - nombres	88
езици - langues	90
кой / какво / как - qui / quoi / comment	91
къде - où	92

Impressum
Verlag: BABADADA GmbH, Nedderfeld 112 , 22529 Hamburg
Geschäftsführer / Verlagsleitung: Harald Hof
Druck: Books on Demand GmbH, In de Tarpen 42, 22848 Norderstedt

Imprint
Publisher: BABADADA GmbH, Nedderfeld 112 , 22529 Hamburg, Germany
Managing Director / Publishing direction: Harald Hof
Print: Books on Demand GmbH, In de Tarpen 42, 22848 Norderstedt

училище
école

ученическа раница

sac d'écolier

ученически несесер

trousse

молив

crayon

острилка за моливи

taille-crayon

гума

gomme à effacer

блок за рисуване

bloc de papier à dessin

рисунка
dessin

четка
pinceau

акварелни бои
boîte de peintures

ножица
ciseaux

лепило
colle

тетрадка за упражнения
cahier d'exercices

домашна работа
devoirs

число
chiffre

събиране
additionner

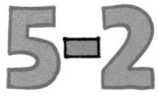

изваждане
soustraire

умножение
multiplier

смятане
calculer

буква
lettre

азбука
alphabet

дума
mot

училище - école

текст
texte

чета
lire

тебешир
craie

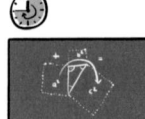

час
leçon

дневник на класа
le cahier de notes

изпит
examen

свидетелство
certificat

ученическа униформа
uniforme scolaire

образование
éducation

справочник
encyclopédie

университет
université

микроскоп
microscope

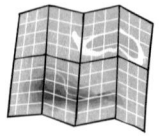

карта
carte

кошче за хартиени отпадъци
corbeille à papier

училище - école

пътуване

voyage

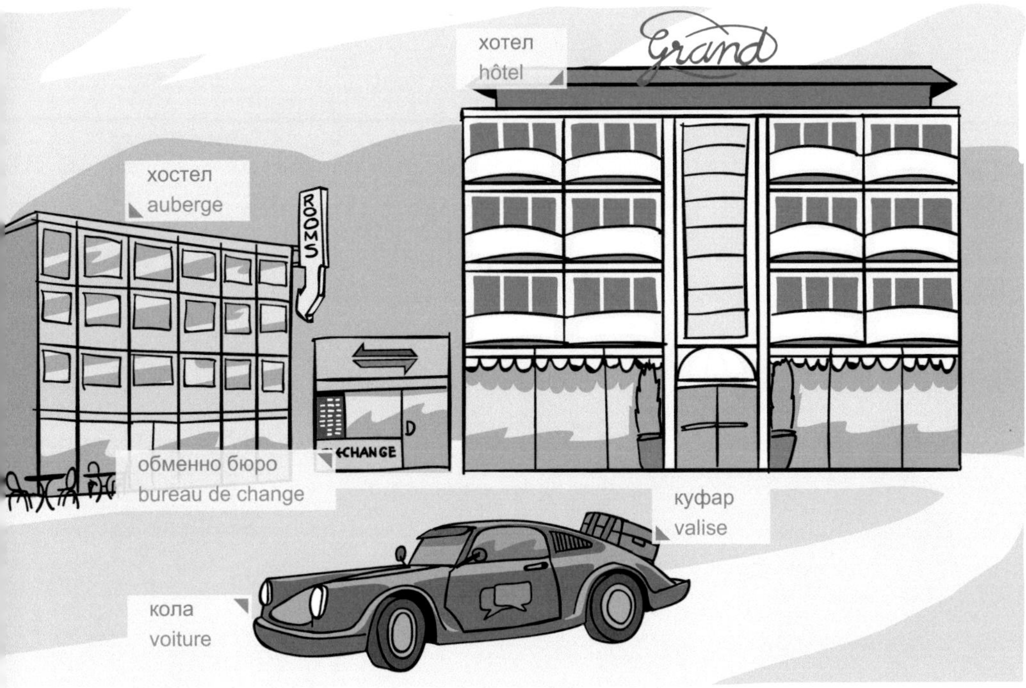
хотел
hôtel
Grand
хостел
auberge
ROOMS
обменно бюро
bureau de change
куфар
valise
кола
voiture

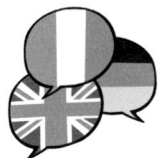

език

langue

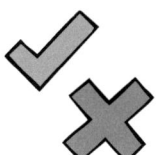

да / не

oui / non

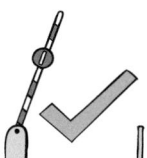

Окей

Okay

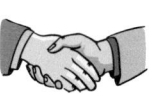

здравей

Allo!

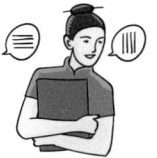

преводач

traducteur

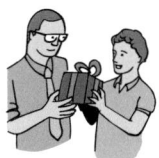

Благодаря

Merci

Колко струва...?
Combien coûte...?

Не разбирам
Je ne comprends pas

проблем
problème

Добър вечер!
Bonsoir !

Добро утро!
Bonjour !

Лека нощ!
Bonne nuit !

довиждане
bye bye

посока
direction

багаж
bagages

пътна чанта
sac

раница
sac à dos

посетител
invité

стая
pièce

спален чувал
sac de couchage

палатка
tente

пътуване - voyage

туристическа информация
bureau d'information touristique

плаж
plage

кредитна карта
carte de crédit

закуска
déjeuner

обед
dîner

вечеря
souper

билет
billet

асансьор
ascenceur

пощенска марка
timbre

граница
frontière

митница
douane

посолство
ambassade

виза
visa

паспорт
passeport

пътуване - voyage

транспорт
transport

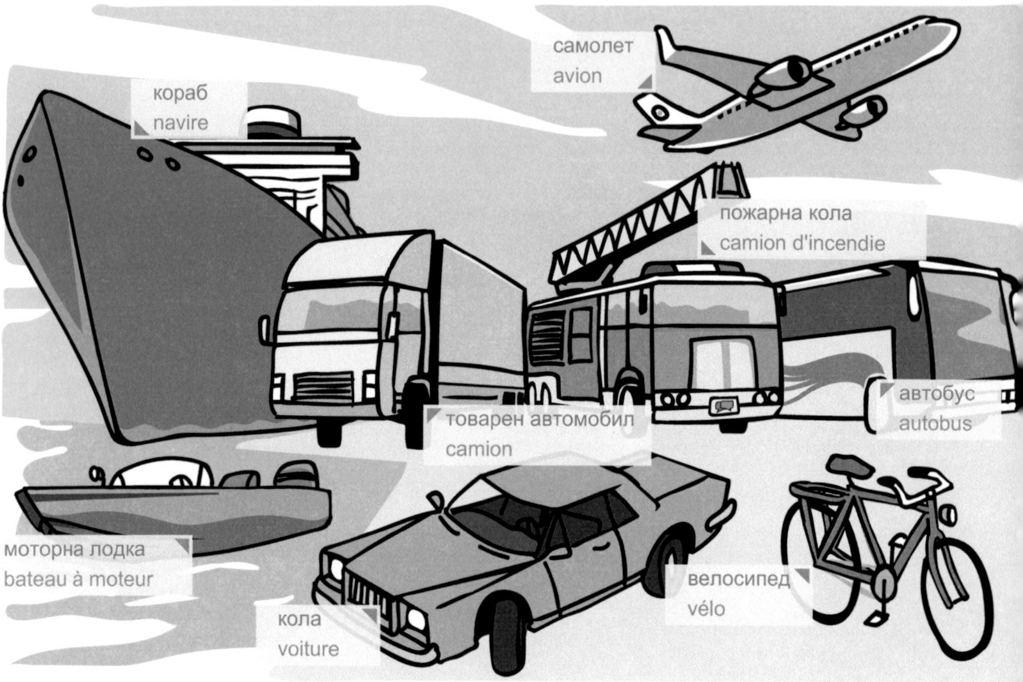

самолет
avion

кораб
navire

пожарна кола
camion d'incendie

товарен автомобил
camion

автобус
autobus

моторна лодка
bateau à moteur

кола
voiture

велосипед
vélo

ферибот

traversier

лодка

bateau

мотоциклет

motocyclette

полицейска кола

voiture de police

състезателна кола

voiture de course

кола под наем

voiture de location

каршеринг
autopartage

автомобил от "Пътна помощ"
dépanneuse

сметовоз
camion à ordures

двигател
moteur

бензин
carburant

бензиностанция
station-service

пътен знак
panneau de signalisation

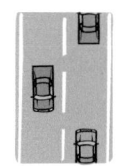

улично движение
circulation

задръстване
embouteillage

паркинг
parc de stationnement

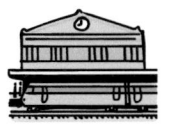

гара
gare

релси
voies ferrées

влак
train

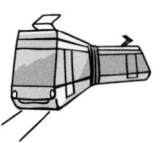

трамвай
tramway

вагон
wagon

транспорт - transport

хеликоптер

hélicoptère

аерогара

aéroport

кула

tour

пасажер

passager

контейнер

conteneur

кашон

boîte en carton

ръчна количка

chariot

кошница

panier

излитам / приземявам се

décoller / atterrir

град
ville

село

village

градски център

centre-ville

къща

maison

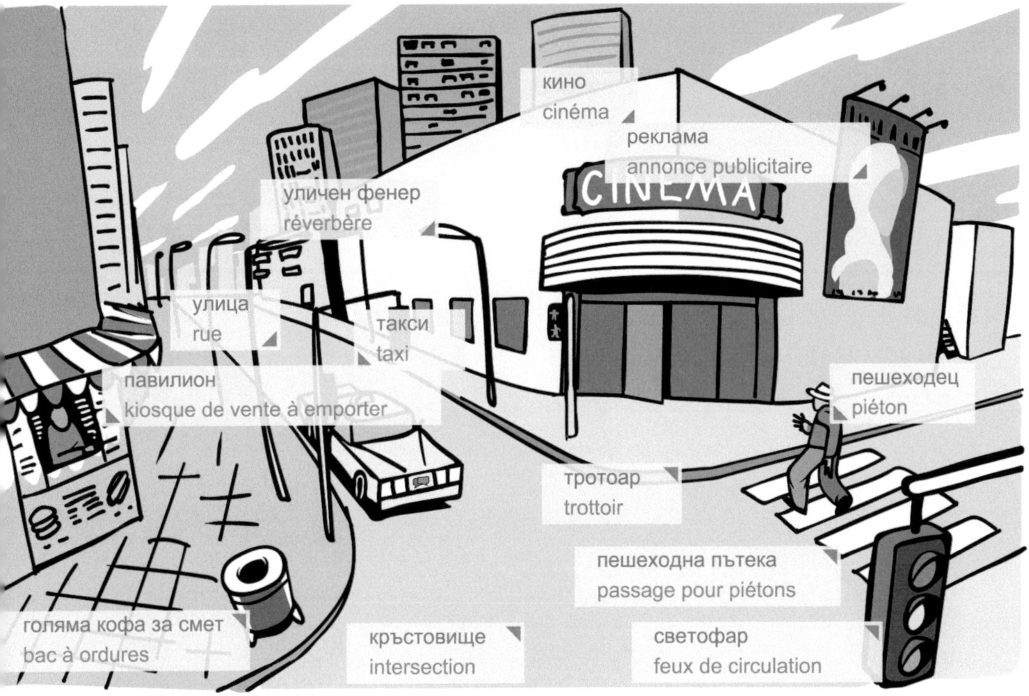

кино / cinéma

реклама / annonce publicitaire

уличен фенер / réverbère

улица / rue

такси / taxi

павилион / kiosque de vente à emporter

пешеходец / piéton

тротоар / trottoir

пешеходна пътека / passage pour piétons

голяма кофа за смет / bac à ordures

кръстовище / intersection

светофар / feux de circulation

хижа

cabane

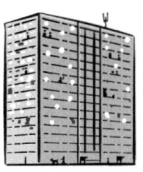

жилище

appartement

гара

gare

кметство

hôtel de ville

музей

musée

училище

école

град - ville

университет

université

банка

banque

болница

hôpital

хотел

hôtel

аптека

pharmacie

офис

bureau

книжарница

librairie

магазин за цветя

magasin

магазин за цветя

fleuriste

супермаркет

supermarché

пазар

marché

универсален магазин

grand magasin

търговец на риба

poissonnerie

търговски център

centre commercial

пристанище

port

град - ville

парк

parc

пейка

banc

мост

pont

стълба

escaliers

метро

métro

тунел

tunnel

автобусна спирка

arrêt d'autobus

бар

bar

ресторант

restaurant

пощенска кутия

boîte à lettres

улична табелка

plaque de rue

часовник за паркинг престой

parcomètre

зоологическа градина

zoo

плувен басейн

bains publics

джамия

mosquée

град - ville

селски двор
ferme

замърсяване на околната среда
pollution

гробище
cimetière

църква
église

детска площадка
aire de jeux

храм
temple

пейзаж
paysage

- листо / feuille
- пътепоказател / panneau indicateur
- път / chemin
- ливада / pré
- камък / pierre
- дърво / arbre
- пътешественик / randonneur
- река / rivière
- трева / herbe
- цвете / fleur

долина vallée	планина colline	море lac
	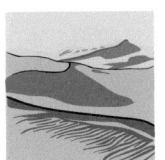	
гора forêt	пустиня désert	вулкан volcan

замък château	дъга arc-en-ciel	гъба champignon

палма palmier	комар moustique	муха mouche

мравка fourmi	пчела abeille	паяк araignée

пейзаж - paysage

бръмбар
scarabée

жаба
grenouille

катеричка
écureuil

таралеж
hérisson

заек
lièvre

кукумявка
chouette

птица
oiseau

лебед
cygne

диво прасе
sanglier

елен
cerf

лос
orignal

бент
barrage

вятърна турбина
éolienne

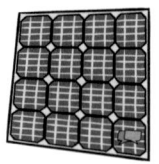

соларен модул
panneau solaire

климат
climat

ресторант
restaurant

- келнер / serveur
- меню / menu
- стол / chaise
- супа / soupe
- пица / pizza
- прибори за хранене / coutellerie
- покривка за маса / nappe

предястие
hors-d'œuvre

основно ястие
plat principal

десерт
dessert

напитки
boissons

ядене
aliments

бутилка
bouteille

бързо хранене

restauration rapide

улична храна

cuisine de rue

кана за чай

théière

кутия за захар

sucrier

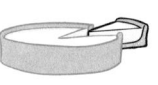

порция

part

еспресо машина

machine à expresso

висок детски стол

chaise haute d'enfant

сметка

facture

табла

plateau

ножица за нокти

couteau

вилица

fourchette

лъжица

cuillère

чаена лъжичка

cuillère à thé

салфетка

serviette

стъклена чаша

verre

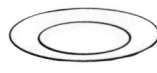

чиния
assiette

чиния за супа
assiette creuse

чинийка
soucoupe

сос
sauce

солница
salière

мелничка за черен пипер
moulin à poivre

оцет
vinaigre

олио
huile

подправки
épices

кетчуп
ketchup

горчица
moutarde

майонеза
mayonnaise

ресторант - restaurant

супермаркет
supermarché

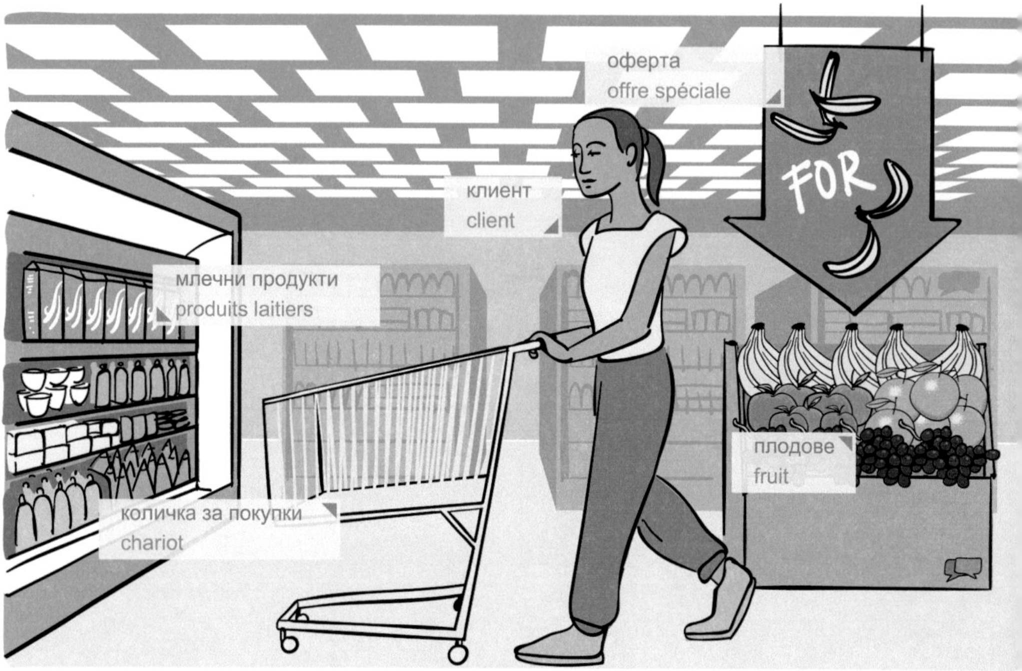

оферта
offre spéciale
FOR
клиент
client
млечни продукти
produits laitiers
плодове
fruit
количка за покупки
chariot

BUTCHERS

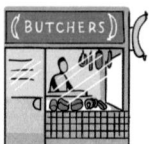

кланица

boucherie

BAKERY

хлебарница

boulangerie

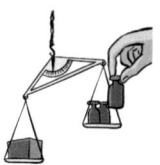

тегля

peser

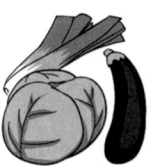

зеленчуци

légumes

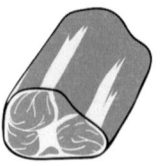

месо

viande

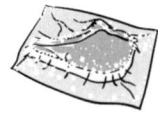

дълбоко замразена храна

aliments congelés

нарязан колбас или сирене
viandes froides

консерви
conserves

перилен препарат
détergent à lessive en poudre

лакомства
sucreries

домакински изделия
produits d'entretien ménager

почистващи препарати
produits d'entretien

продавачка
vendeuse

каса
caisse

касиер
caissier

списък на покупките
liste de provisions

работно време
heures d'ouverture

портфейл
portefeuille

кредитна карта
carte de crédit

чанта
sac

пластмасова торба
sac plastique

супермаркет - supermarché

напитки
boissons

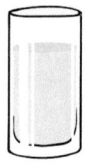  

вода   сок   мляко
eau   jus   lait

кола   вино   бира
cola   vin   bière

алкохол   какао   чай
alcool   cacao   thé

кафе машина   еспресо   капучино
café   expresso   cappuccino

ядене
aliments

банан

banane

ябълка

pomme

портокал

orange

пъпеш

melon d'eau

лимон

citron

морков

carotte

чесън

ail

бамбук

bambou

лук

oignon

гъба

champignon

ядки

noix

макарони

nouilles

спагети
spaghettis

ориз
riz

салата
salade

пържени картофи
frites

печени картофи
pommes de terre sautées

пица
pizza

хамбургер
hamburger

сандвич
sandwich

шницел
escalope

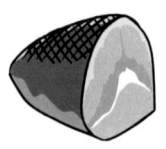
шунка
jambon

траен колбас
salami

салам
saucisse

пиле
poulet

печено
rôti

риба
poisson

овесени ядки

gruau d'avoine

мюсли

muesli

корнфлейкс

flocons de maïs

брашно

farine

кроасан

croissant

хлебчета

petit pain

хляб

pain

препечена филийка

rôtie

бисквити

biscuits

масло

beurre

извара

caillé

сладкиш

gâteau

яйце

œuf

яйца на очи

œuf miroir

сирене

fromage

сладолед

crème glacée

захар

sucre

мед

miel

мармалад

confiture

нуга крем

crème de nougat

къри

cari

ядене - aliments

селски двор
ferme

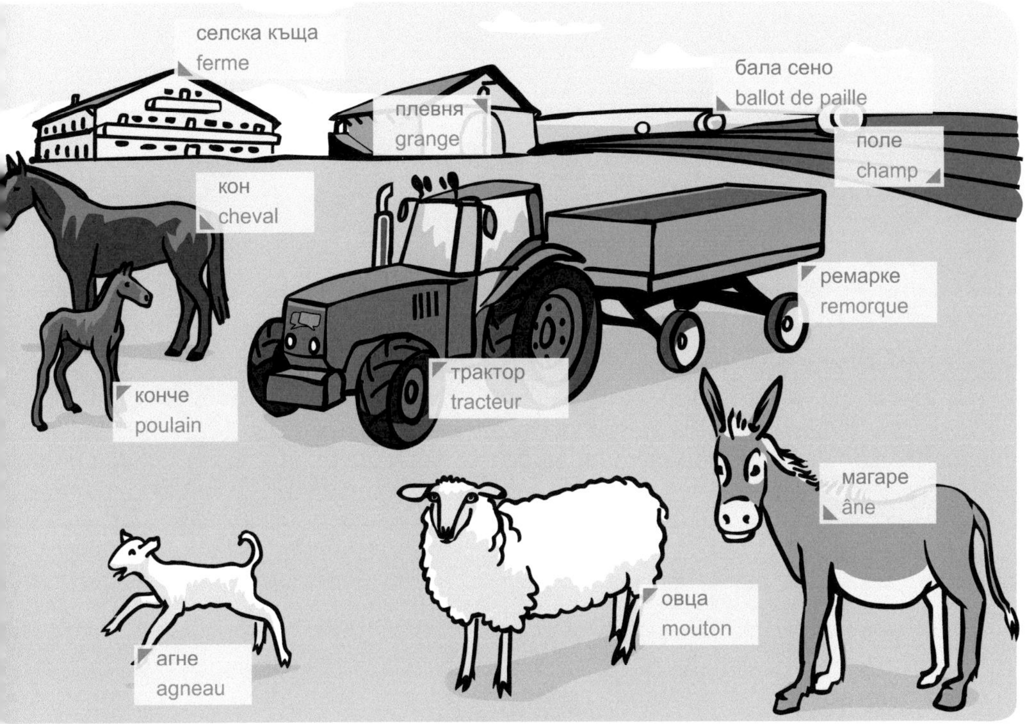

селска къща — ferme
плевня — grange
бала сено — ballot de paille
поле — champ
кон — cheval
ремарке — remorque
конче — poulain
трактор — tracteur
магаре — âne
агне — agneau
овца — mouton

коза
chèvre

крава
vache

теле
veau

свиня
porc

прасенце
porcelet

бик
taureau

гъска

oie

патица

canard

пиленце

poussin

кокошка

poule

петел

coq

плъх

rat

котка

chat

мишка

souris

вол

bœuf

куче

chien

кучешка колиба

niche

градински маркуч

tuyau d'arrosage

лейка

arrosoir

коса

FALSE

плуг

charrue

селски двор - ferme

сърп
faucille

мотика
binette

вила за тор
fourche à foin

брадва
hache

ръчна количка
brouette

корито
auge

съд за мляко
pot à lait

чувал
grand sac

ограда
clôture

обор
écurie

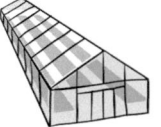

парник
serre

земя
sol

сеитба
graines

тор
engrais

комбайн
moissonneuse-batteuse

селски двор - ferme

жъна
récolter

реколта
récolte

ямс
igname

жито
blé

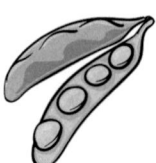

соя
soja

картоф
pomme de terre

царевица
maïs

рапица
graine de colza

овощно дърво
arbre fruitier

маниока
manioc

зърнени храни
grains

селски двор - ferme

къща
maison

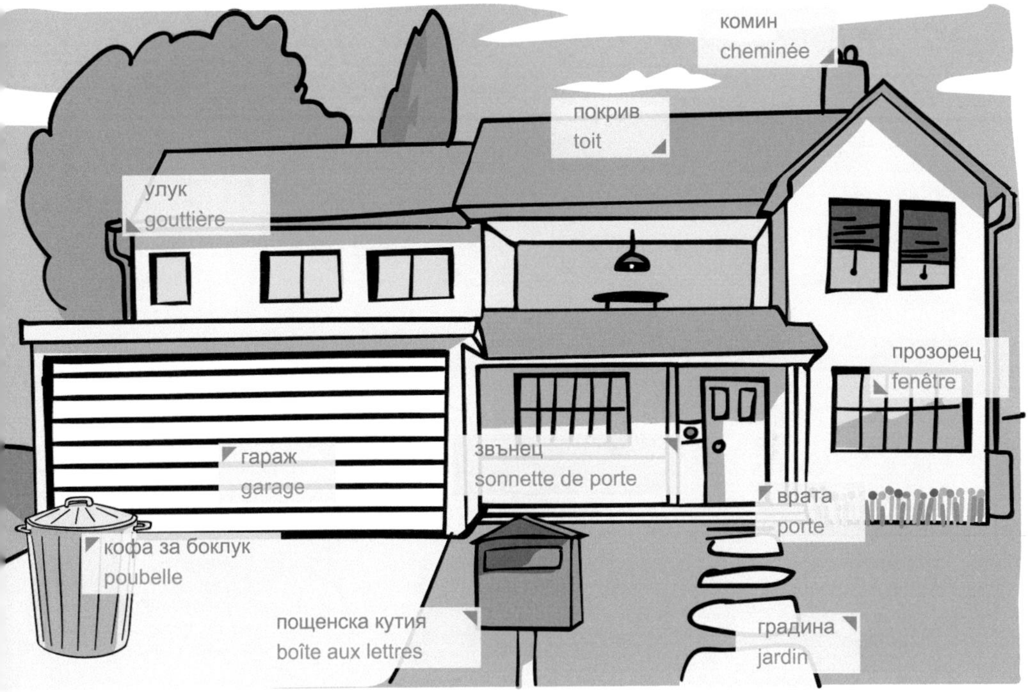

- комин / cheminée
- покрив / toit
- улук / gouttière
- прозорец / fenêtre
- гараж / garage
- звънец / sonnette de porte
- врата / porte
- кофа за боклук / poubelle
- пощенска кутия / boîte aux lettres
- градина / jardin

всекидневна
salle de séjour

баня
salle de bains

кухня
cuisine

спалня
chambre à coucher

детска стая
chambre d'enfant

трапезария
salle à manger

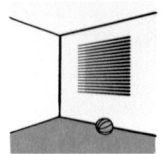

под
plancher

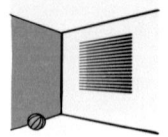

стена
mur

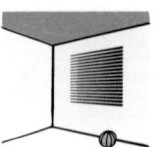

таван
plafond

изба
cellier

сауна
sauna

балкон
balcon

тераса
terrasse

плувен басейн
piscine

косачка
tondeuse à gazon

спално бельо
drap

покривка за легло
jeté de lit

легло
lit

метла
balai

кофа
seau

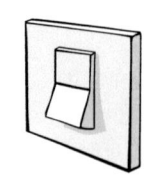

електрически ключ
interrupteur

всекидневна
salle de séjour

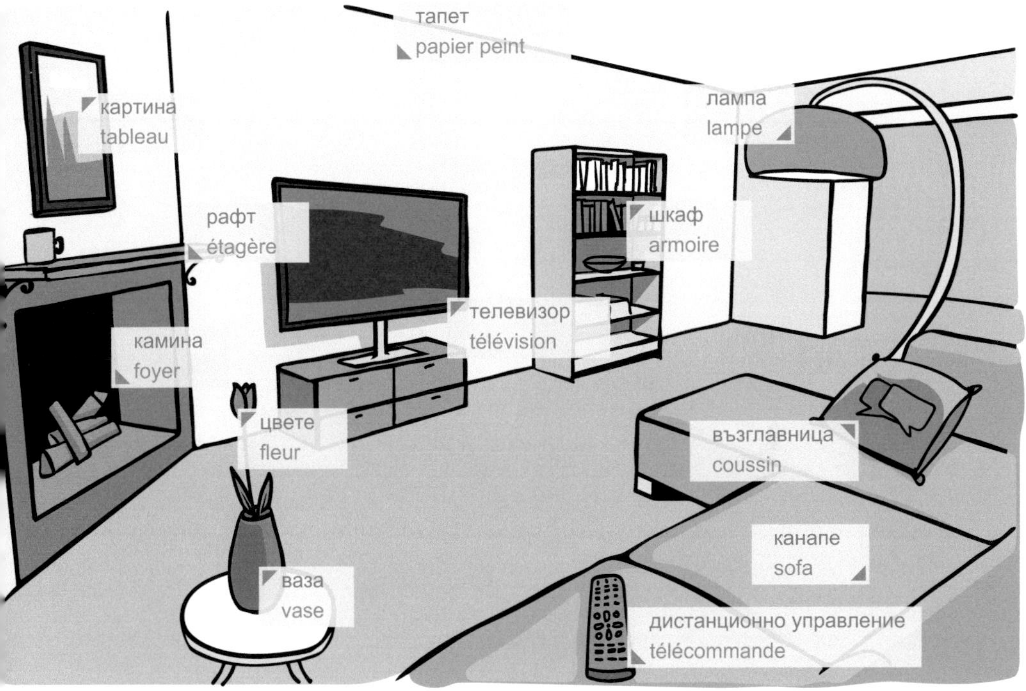

- тапет / papier peint
- картина / tableau
- лампа / lampe
- рафт / étagère
- шкаф / armoire
- камина / foyer
- телевизор / télévision
- цвете / fleur
- възглавница / coussin
- ваза / vase
- канапе / sofa
- дистанционно управление / télécommande

килим
tapis

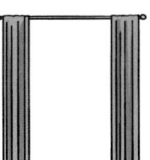

завеса
rideau

маса
table

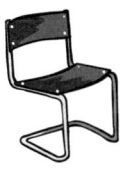

стол
chaise

люлеещ се стол
berceuse

кресло
fauteuil

книга
livre

одеяло
couverte

декорация
décoration

дърва за отопление
bois de chauffage

филм
film

стерео уредба
chaîne hi-fi

ключ
clé

вестник
journal

живопис
peinture

постер
affiche

радио
radio

бележник
bloc-notes

прахосмукачка
aspirateur

кактус
cactus

свещ
chandelle

кухня
cuisine

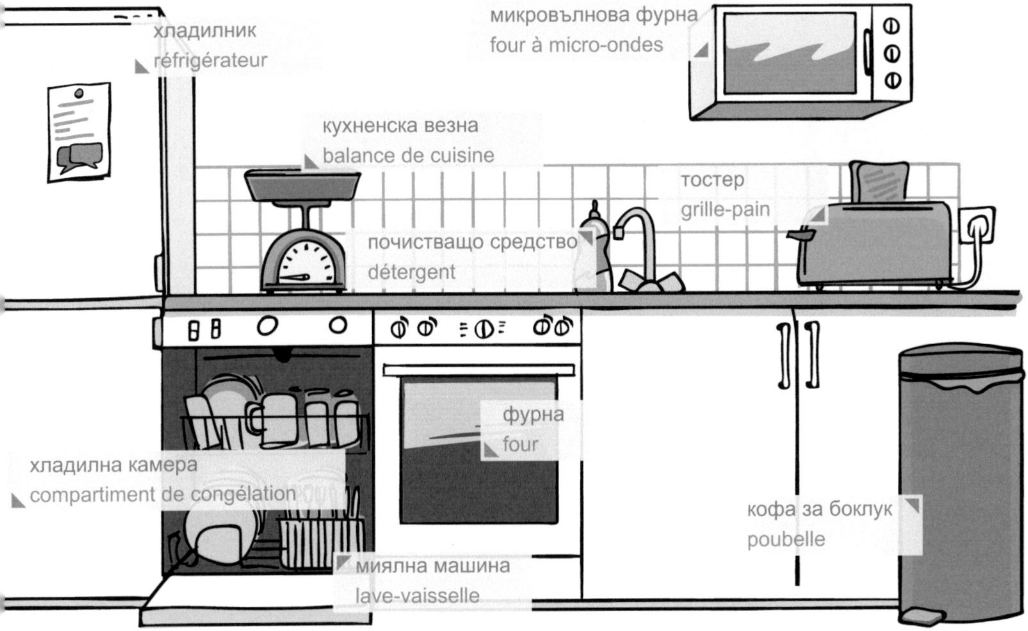

хладилник
réfrigérateur

микровълнова фурна
four à micro-ondes

кухненска везна
balance de cuisine

тостер
grille-pain

почистващо средство
détergent

фурна
four

хладилна камера
compartiment de congélation

кофа за боклук
poubelle

миялна машина
lave-vaisselle

готварска печка

cuisinière

тенджера

marmite

желязна тенджера

cocotte en fonte

уок / кадаи

wok / kadai

тиган

poêle

кана за затопляне на вода

bouilloire

уред за готвене на пара

cuiseur à vapeur

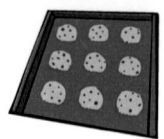

тава за печене

plaque à pâtisserie

съдове

vaisselle

чаша

grande tasse

купа

bol

клечки за хранене

baguettes

черпак

louche

лопатка за тиган

spatule

тел за разбиване (на яйца, белтъци)

fouet

кошница за варене

passoire

гевгир

tamis

ренде

râpe

хаван

mortier

барбекю

barbecue

огнище

foyer

кухня - cuisine

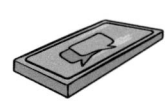  

дъска — planche à découper

точилка — rouleau à pâtisserie

тирбушон — tire-bouchon

кутия — boîte à conserves

отварачка за консерви — ouvre-boîte

кухненска ръкохватка — mitaine de four

мивка — évier

четка — brosse

гъба — éponge

 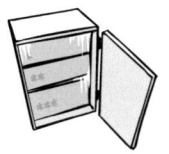 

миксер — mélangeur

фризер — congélateur

бебешко шише — biberon

воден кран — robinet

кухня - cuisine

37

баня
salle de bains

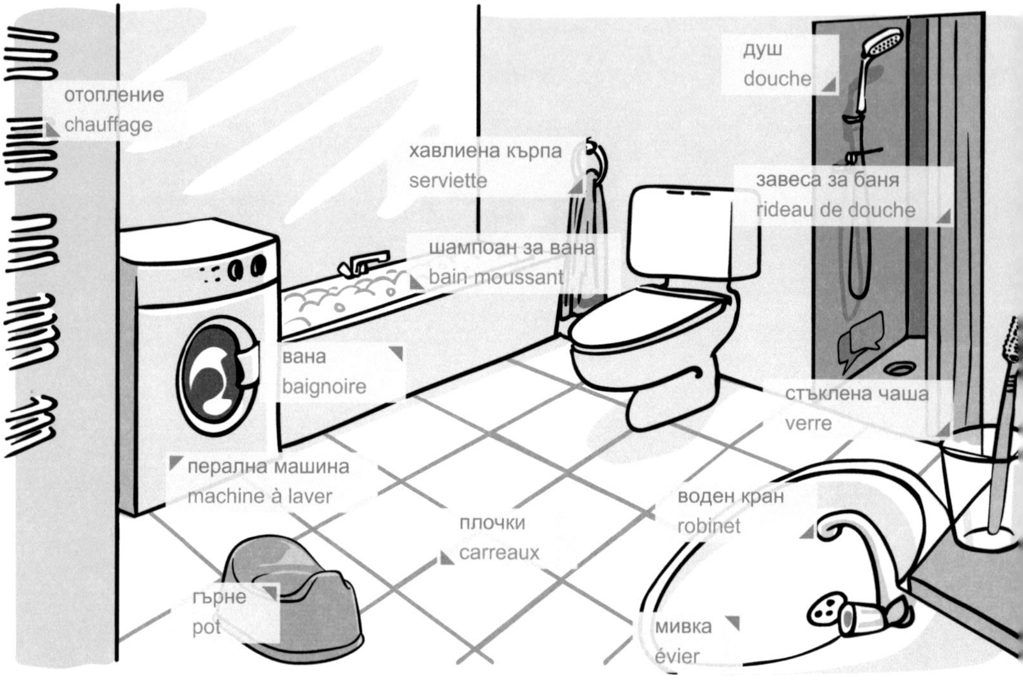

- отопление / chauffage
- хавлиена кърпа / serviette
- душ / douche
- шампоан за вана / bain moussant
- завеса за баня / rideau de douche
- вана / baignoire
- перална машина / machine à laver
- стъклена чаша / verre
- плочки / carreaux
- воден кран / robinet
- гърне / pot
- мивка / évier

тоалетна
toilette

клекало
toilette turque

биде
bidet

писоар
urinoir

тоалетна хартия
papier hygiénique

четка за тоалетна
brosse à toilette

четка за зъби

brosse à dents

паста за зъби

dentifrice

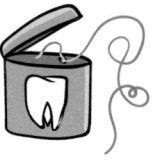

конец за зъби

soie dentaire

мия

laver

ръчен душ

douchette

интимен душ

douche vaginale

леген

cuvette

четка за гръб

brosse pour le dos

сапун

savon

душ гел

gel douche

шампоан за вана

shampoing

гъба за баня

débarbouillette

сифон

drain

крем

crème

дезодорант

déodorant

баня - salle de bains

огледало
miroir

козметично огледало
miroir à main

ръчна самобръсначка
rasoir

пяна за бръснене
mousse à raser

одеколон за след бръснене
après-rasage

гребен
peigne

четка
brosse

сешоар
sèche-cheveux

спрей за коса
laque

грим
maquillage

червило
rouge à lèvres

лак за нокти
vernis à ongles

памук
ouate

ножица за нокти
ciseaux à ongles

парфюм
parfum

баня - salle de bains

тоалетна чантичка

trousse de toilette

табуретка

tabouret

везна

pèse-personne

хавлия

peignoir

домакински ръкавици

gants de caoutchouc

тампон

tampon

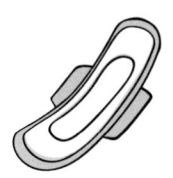

дамски превръзки

serviette hygiénique

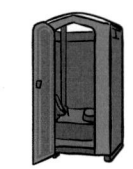

химическа тоалетна

toilette chimique

детска стая

chambre d'enfant

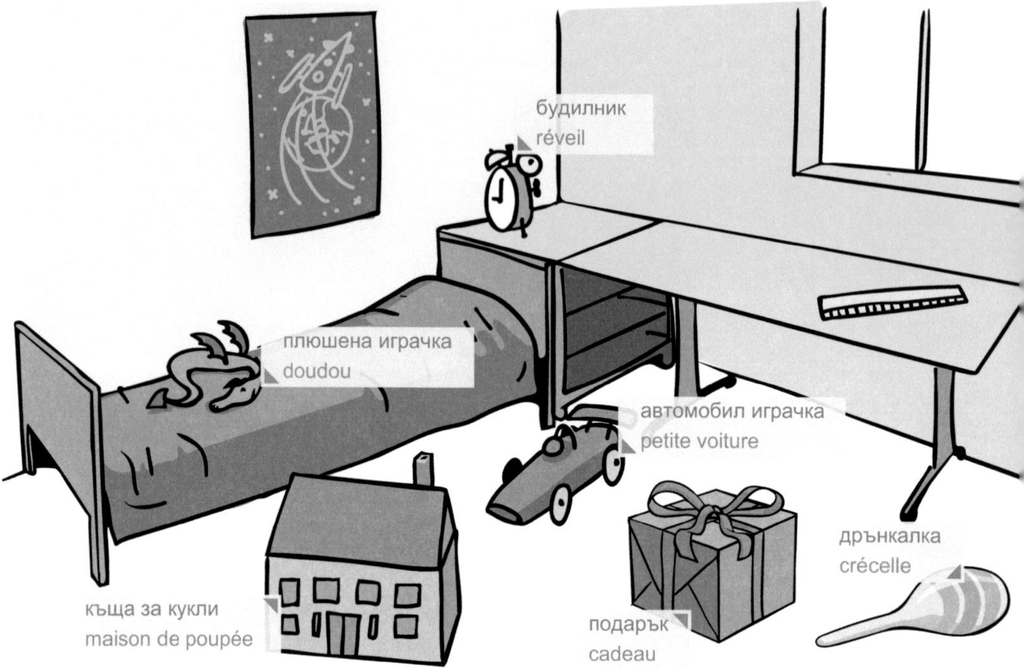

будилник
réveil
плюшена играчка
doudou
автомобил играчка
petite voiture
дрънкалка
crécelle
къща за кукли
maison de poupée
подарък
cadeau

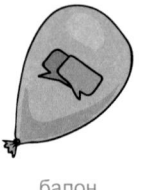

балон

ballon

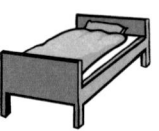

легло

lit

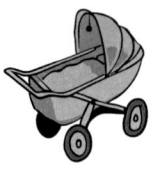

детска количка

landau

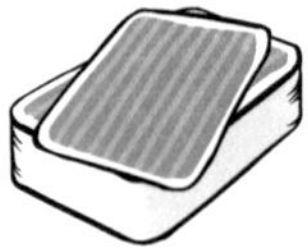

игра на карти

jeu de cartes

пъзел

casse-tête

SUPER MEGA

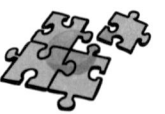

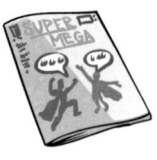

комикс

bande dessinée

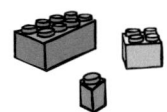

лего елементи

blocs LEGO

строителни елементи

jeu de briques

екшън фигурка

figurine articulée

бебешки гащеризон

dormeuse

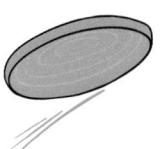

фрисби

disque volant

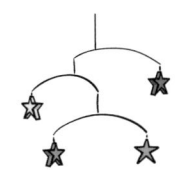

бебешки играчки за легло

mobile

настолна игра

jeu de société

зарче

dé

миниатюрно влакче

ensemble de modèles de train

биберон

mannequin

парти

fête

детска книга с илюстрации

livre d'images

топка

balle

кукла

poupée

играя

jouer

детска стая - chambre d'enfant

пясъчник
bac à sable

люлка
balançoire

играчка
jouets

игрова конзола
console de jeu vidéo

велосипед с три колелета
tricycle

плюшено мече
ours en peluche

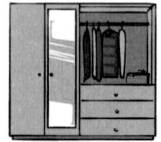
гардероб
garde-robe

облекло
vêtements

къси чорапи
chaussettes

дълги чорапи
bas

чорапогащник
collant

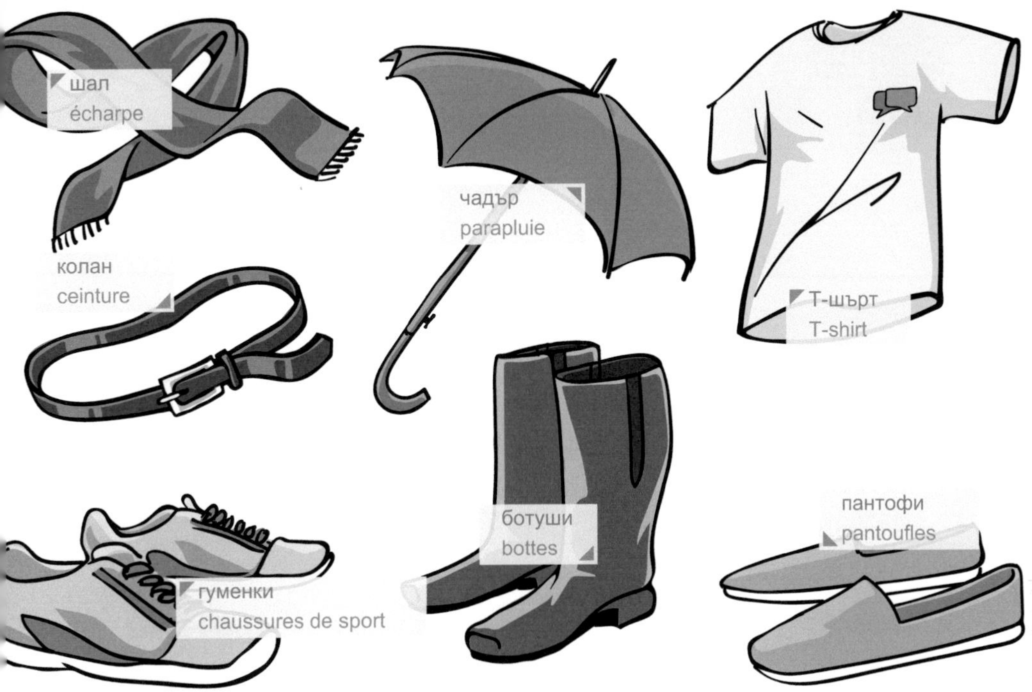

шал / écharpe

колан / ceinture

чадър / parapluie

Т-шърт / T-shirt

ботуши / bottes

пантофи / pantoufles

гуменки / chaussures de sport

сандали

sandales

обувки

souliers

гумени ботуши

bottes de caoutchouc

слип

sous-vêtements

сутиен

soutien-gorge

долна блуза

gilet

облекло - vêtements

боди
body

панталон
pantalon

дънки
jean

пола
jupe

блуза
chemisier

риза
chemise

пуловер
chandail

суичър
chandail à capuche

блейзър
blazer

яке
veste

палто
manteau

дъждобран
manteau de pluie

костюм
complet

рокля
robe

булчинска рокля
robe de mariée

костюм

tailleur

нощница

chemise de nuit

пижама

pyjama

сари

sari

кърпа за глава

foulard

тюрбан

turban

бурка

burqa

кафтан

cafetan

абая

abaya

бански костюм

maillot de bain

плувни шорти

maillot short

къс панталон

culotte courte

анцуг

survêtement

престилка

tablier

ръкавици

mitaines

облекло - vêtements

копче
bouton

очила
lunettes

гривна
bracelet

верижка
collier

пръстен
bague

обеца
boucle d'oreille

каскет
tuque

закачалка
cintre

шапка
chapeau

вратовръзка
cravate

цип
fermeture à glissière

каска
casque

тиранти
bretelles

ученическа униформа
uniforme scolaire

униформа
uniforme

облекло - vêtements

лигавник
bavoir

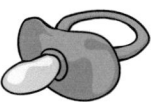
биберон
mannequin

пелена
couche

офис
bureau

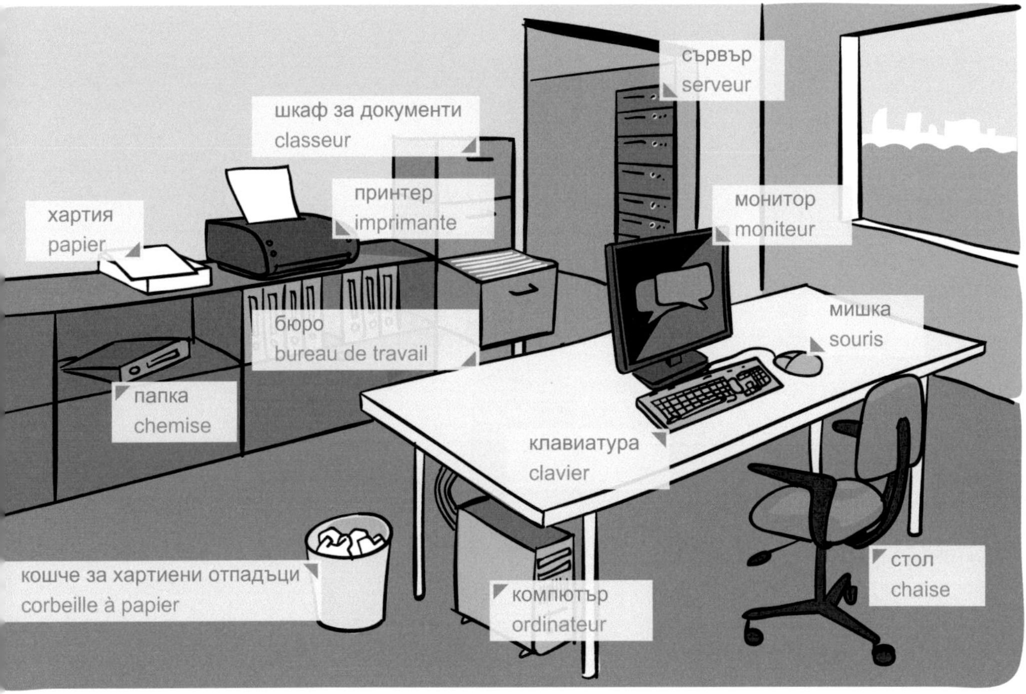

сървър — serveur
шкаф за документи — classeur
монитор — moniteur
хартия — papier
принтер — imprimante
мишка — souris
бюро — bureau de travail
папка — chemise
клавиатура — clavier
кошче за хартиени отпадъци — corbeille à papier
компютър — ordinateur
стол — chaise

чаша за кафе
grande tasse à café

джобен калкулатор
calculatrice

интернет
Internet

лаптоп
ordinateur portable

писмо
lettre

съобщение
message

мобилен телефон
téléphone cellulaire

мрежа
réseau

ксерокс
photocopieur

софтуер
logiciel

телефон
téléphone

контакт
prise de courant

факс
télécopieur

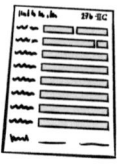

формуляр
formulaire

документ
document

икономика
économie

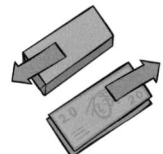
купувам
acheter

плащам
payer

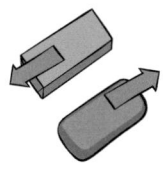
търгувам
commercer

пари
argent

долар
dollar

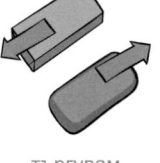

евро
euro

йена
yen

рубла
rouble

швейцарски франк
franc suisse

ренминби юан
renminbi yuan

рупия
roupie

банкомат
distributeur de billets

обменно бюро
bureau de change

злато
or

сребро
argent

нефт
pétrole

енергия
énergie

цена
prix

договор
contrat

данък
taxe

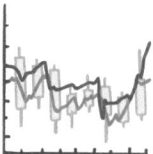
акция
actions

работя
travailler

служител
employé

работодател
employeur

фабрика
usine

магазин за цветя
magasin

икономика - économie

професии
professions

полицай / agent de police

пожарникар / pompier

готвач / cuisinier

лекар / docteur

пилот / pilote

градинар
jardinier

мебелист
charpentier

шивачка
couturier

съдия
juge

химик
pharmacien

артист
acteur

шофьор на автобус
chauffeur d'autobus

шофьор на такси
chauffeur de taxi

рибар
pêcheur

чистачка
femme de ménage

майстор на покриви
couvreur

келнер
serveur

ловец
chasseur

художник
peintre

хлебар
boulanger

електротехник
électricien

строителен работник
constructeur de bâtiments

инженер
ingénieur

касапин
boucher

тенекеджия
plombier

пощальон
facteur

професии - professions

войник

soldat

архитект

architecte

касиер

caissier

цветар

fleuriste

фризьор

coiffeur

кондуктор

chef de train

механик

mécanicien

капитан

capitaine

зъболекар

dentiste

научен работник

scientifique

равин

rabbin

имàм

imam

монах

moine

свещеник

ecclésiastique

инструменти
outils

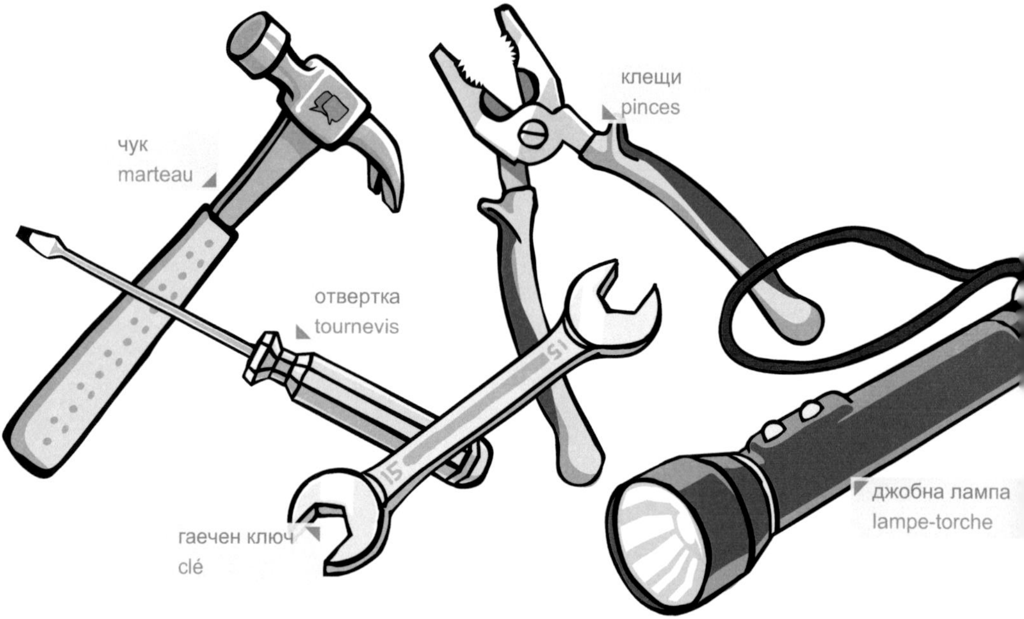

чук
marteau

клещи
pinces

отвертка
tournevis

джобна лампа
lampe-torche

гаечен ключ
clé

багер
excavatrice

кутия за инструменти
boîte à outils

стълба
échelle

трион
scie

пирони
clous

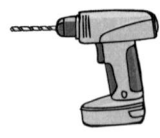

бормашина
perceuse

ремонтирам
réparer

лопата
pelle

По дяволите!
tabarnouche

лопатка за смет
pelle à poussière

кутия за боя
pot de peinture

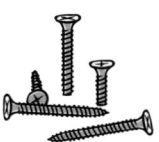
болтове
vis

музикални инструменти
instruments de musique

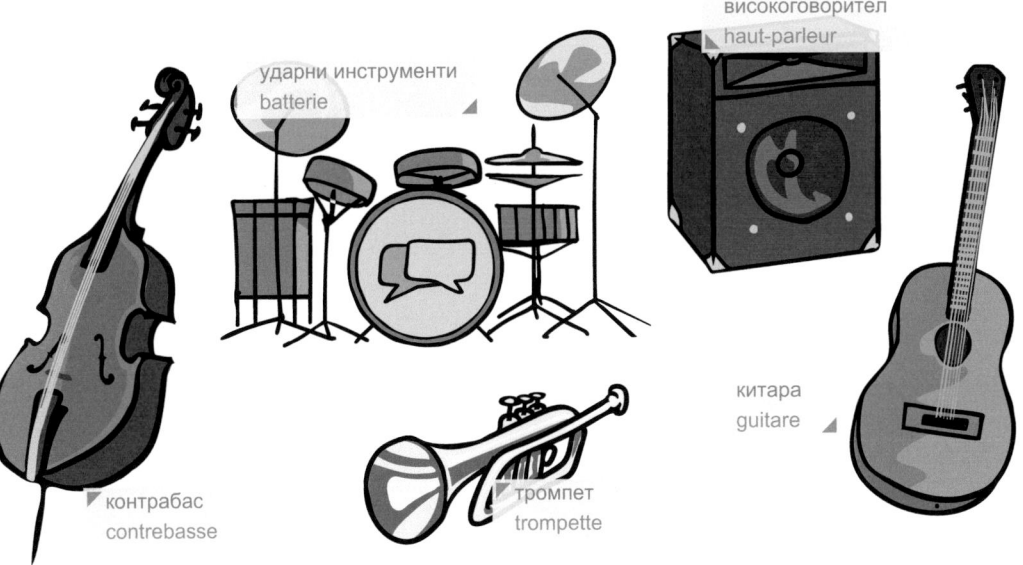

музикални инструменти - instruments de musique

пиано	виолина	контрабас
piano	violon	basse

тимпан	барабан	електрическо пиано
timbales	tambour	synthétiseur

саксофон	флейта	микрофон
saxophone	flûte	microphone

музикални инструменти - instruments de musique

зоологическа градина
zoo

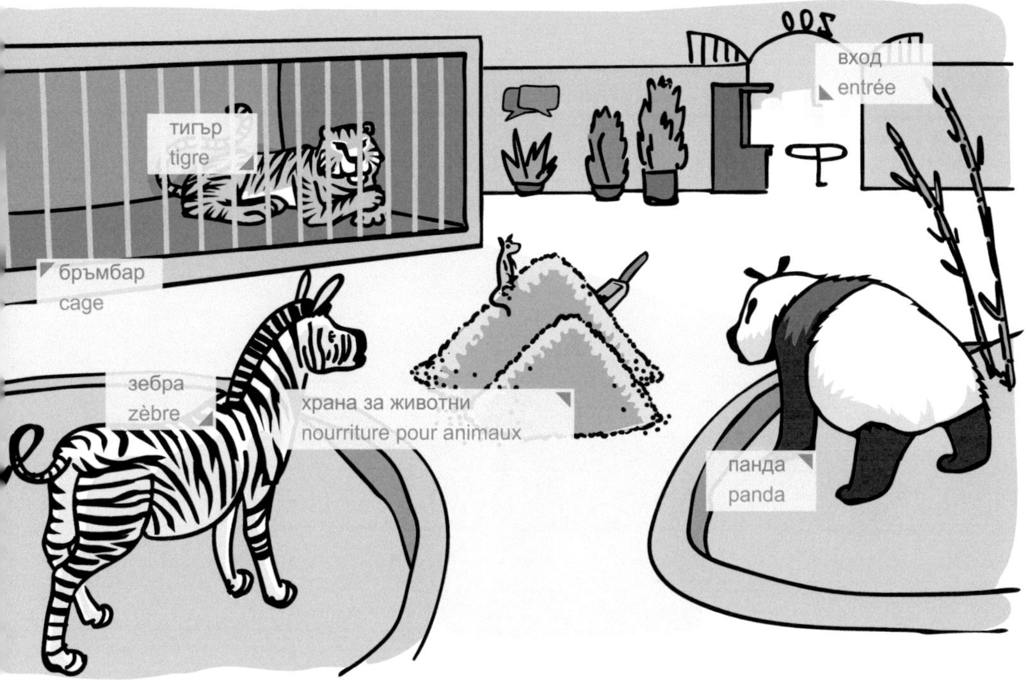

вход / entrée
тигър / tigre
бръмбар / cage
зебра / zèbre
храна за животни / nourriture pour animaux
панда / panda

животни
animaux

слон
éléphant

кенгуру
kangourou

носорог
rhinocéros

горила
gorille

мечка
ours

камила

chameau

щраус

autruche

лъв

lion

маймуна

singe

фламинго

flamand rose

папагал

perroquet

бяла мечка

ours polaire

пингвин

pingouin

акула

requin

паун

paon

змия

serpent

крокодил

crocodile

пазач в зоологическа градина

gardien de zoo

тюлен

phoque

ягуар

jaguar

зоологическа градина - zoo

пони
poney

леопард
léopard

хипопотам
hippopotame

жираф
girafe

орел
aigle

диво прасе
sanglier

риба
poisson

костенурка
tortue

морж
morse

лисица
renard

газела
gazelle

зоологическа градина - zoo

спорт
sports

дейности
activités

имам

avoir

правя

faire

съм

être

стоя

être debout

тичам

courir

дърпам

tirer

хвърлям

jeter

падам

tomber

лежа

s'allonger

чакам

attendre

нося

porter

седя

s'asseoir

обличам

s'habiller

спя

dormir

събуждам се

se réveiller

разглеждам

regarder

плача

pleurer

милвам

caresser

реша се

peigner

говоря

parler

разбирам

comprendre

питам

demander

слушам

écouter

пия

boire

ям

manger

разтребвам

ranger

обичам

aimer

готвя

cuisiner

карам автомобил

conduire

летя

voler

дейности - activités

плавам (с платна)
faire de la voile

смятане
calculer

чета
lire

уча
apprendre

работя
travailler

женя се
se marier

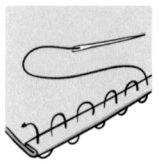
шия
coudre

измивам си зъбите
brosser les dents

убивам
tuer

пуша
fumer

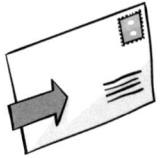
изпращам
envoyer

дейности - activités

семейство
famille

баба / grand-mère
дядо / grand-père
баща / père
майка / mère
бебе / bébé
дъщеря / fille
син / fils

посетител
invité

леля
tante

чичо
oncle

брат
frère

сестра
sœur

тяло
corps

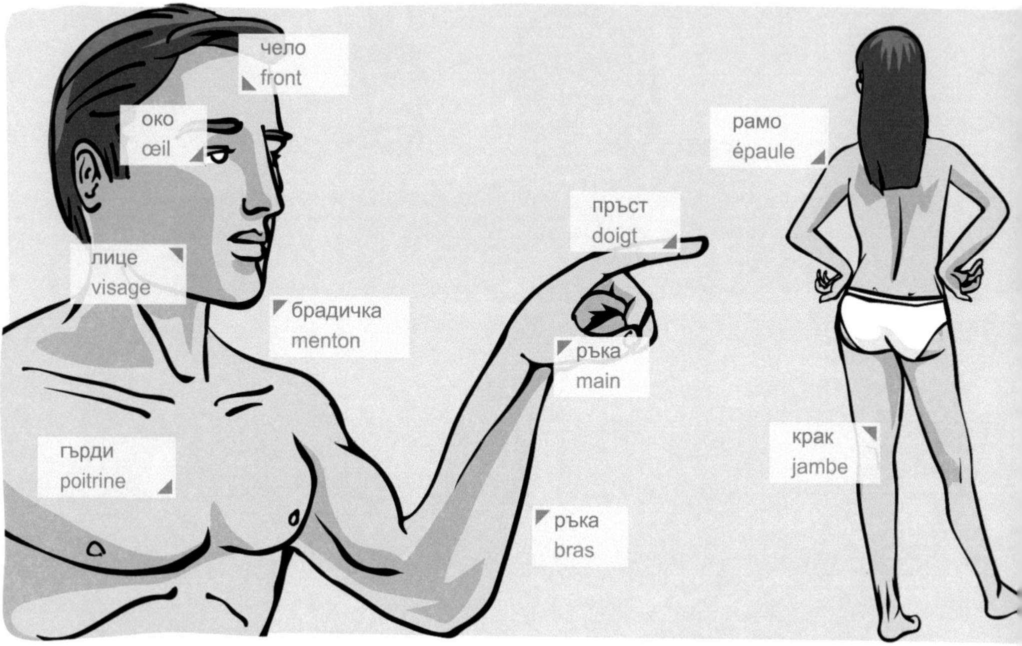

чело / front
око / œil
лице / visage
гърди / poitrine
брадичка / menton
пръст / doigt
ръка / main
ръка / bras
рамо / épaule
крак / jambe

бебе
bébé

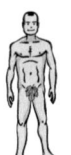

мъж
homme

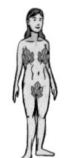

жена
femme

момиче
fille

момче
garçon

глава
tête

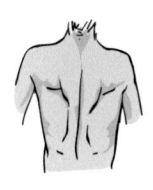

гръб
dos

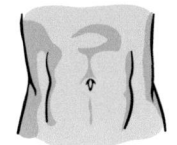

корем
ventre

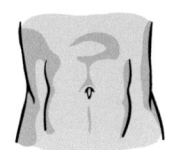

пъп
nombril

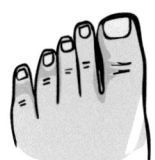

пръст на крака
orteil

пета
talon

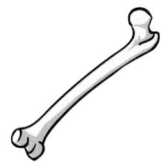

кост
os

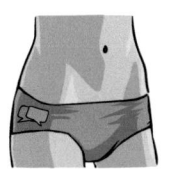

хълбок
hanche

коляно
genou

лакът
coude

нос
nez

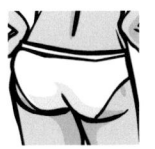

седалище
derrière

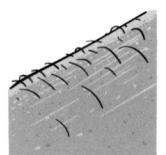

кожа
peau

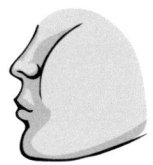

буза
joue

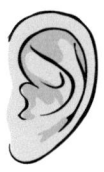

ухо
oreille

устна
lèvre

уста
bouche

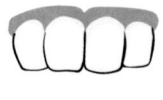
зъб
dent

език
langue

мозък
cerveau

сърце
cœur

мускул
muscle

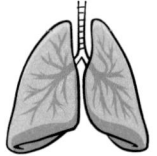
бял дроб
poumon

черен дроб
foie

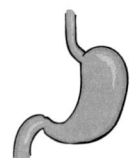
стомах
estomac

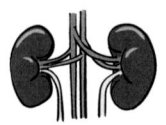
бъбреци
reins

полово сношение
rapport sexuel

кондом
condom

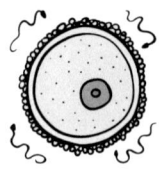
яйцеклетка
ovule

сперма
sperme

бременност
grossesse

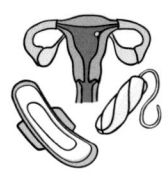  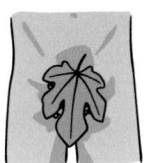

менструация	вагина	пенис
menstruation	vagin	pénis

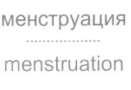  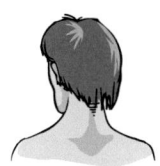

вежда	коса	шия
sourcil	cheveux	cou

болница
hôpital

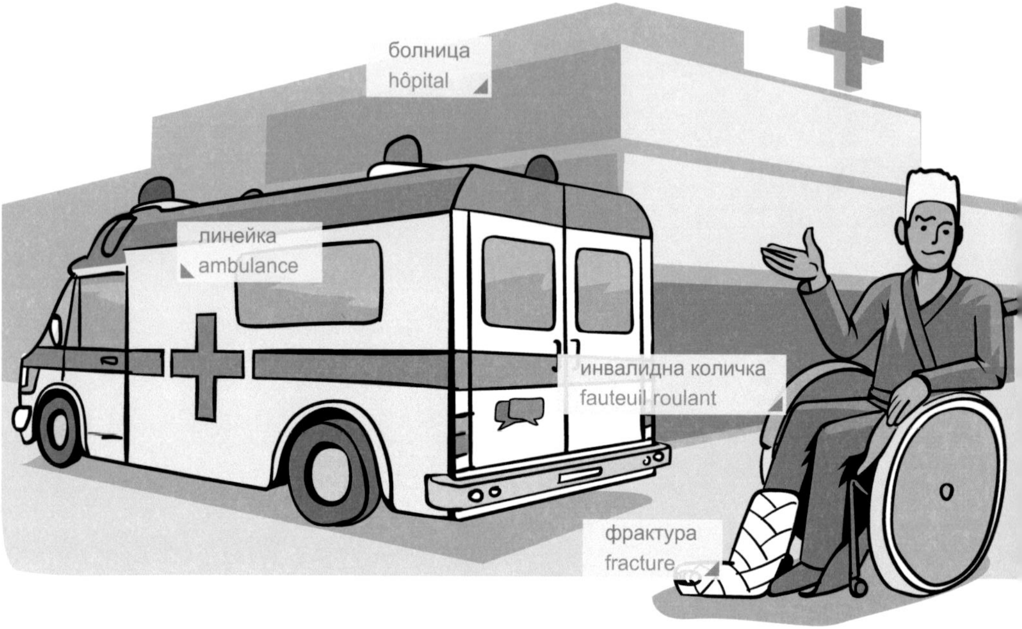

болница / hôpital

линейка / ambulance

инвалидна количка / fauteuil roulant

фрактура / fracture

лекар
docteur

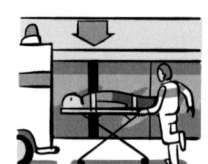

спешна хоспитализация
salle des urgences

медицинска сестра
infirmier

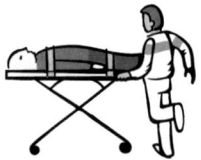

спешен случай
urgence

в безсъзнание
inconscient

болка
douleur

нараняване
blessure

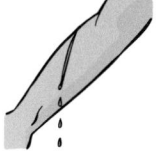
кървене
saignement

инфаркт
crise cardiaque

инсулт
AVC

алергия
allergie

кашлица
toux

температура
fièvre

грип
grippe

диария
diarrhée

главоболие
mal de tête

рак
cancer

диабет
diabète

хирург
chirurgien

скалпел
scalpel

операция
opération

болница - hôpital

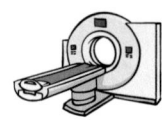
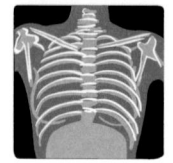
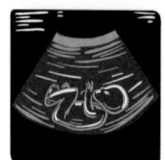

компютърна томография | рентген | ултразвук
tomodensitométrie | radiographie | ultrason

маска | болест | чакалня
masque | maladie | salle d'attente

патерица | пластир | превръзка
béquille | sparadrap | bandage

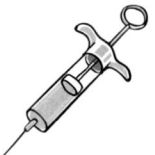
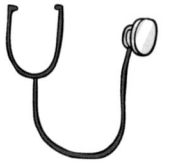
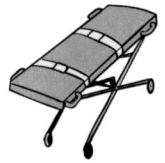

инжекция | стетоскоп | носилка
injection | stéthoscope | brancard

термометър | раждане | наднормено тегло
thermomètre médical | accouchement | excès de poids

болница - hôpital

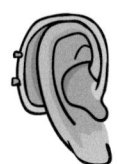

слухов апарат

appareil auditif

дезинфекционно средство

désinfectant

инфекция

infection

вирус

virus

HIV / AIDS

VIH / Sida

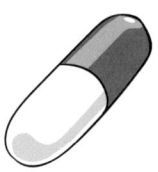

медицина

médicament

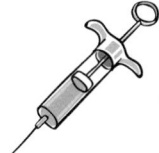

ваксинация

vaccination

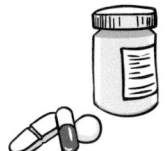

таблети

comprimés

противозачатъчна таблетка

pilule

спешно телефонно обаждане

appel d'urgence

апарат за измерване на кръвното налягане

tensiomètre

болен / здрав

malade / en bonne santé

болница - hôpital

спешен случай
urgence

Помощ!
Au secours !

сигнал за тревога
alarme

нападение
assaut

атака
attaque

опасност
danger

авариен изход
sortie de secours

Пожар!
Au feu !

пожарогасител
extincteur

злополука
accident

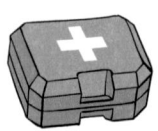

комплект за оказване на първа помощ
trousse de premiers soins

SOS
SOS

полиция
police

Земя
Terre

Европа

Europe

Северна Америка

Amérique du Nord

Южна Америка

Amérique du Sud

Африка

Afrique

Азия

Asie

Австралия

Australie

Атлантически океан

océan Atlantique

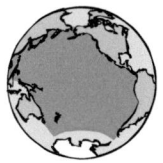

Тихи океан

océan Pacifique

Индийски океан

océan Indien

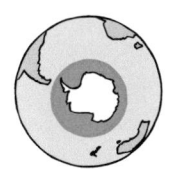

Южен ледовит океан

océan Antarctique

Северен ледовит океан

océan Arctique

Северен полюс

Pôle Nord

Южен полюс
Pôle Sud

Антарктида
Antarctique

Земя
Terre

суша
terre

море
mer

остров
île

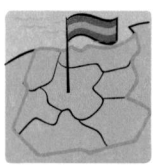
нация
nation

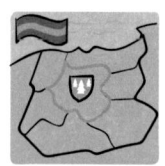
държава
État

часовник
heure

циферблат
cadran

стрелка на часовете
aiguille des heures

стрелка на минутите
aiguille des minutes

стрелка на секундите
aiguille des secondes

Колко е часът?
Quelle heure est-il ?

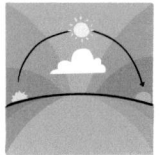

ден
jour

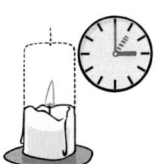

време
temps

сега
maintenant

дигитален часовник
montre à affichage numérique

минута
minute

час
heure

седмица
semaine

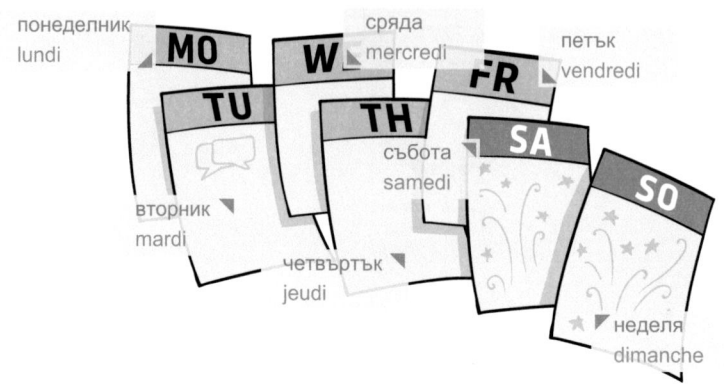

понеделник / lundi
сряда / mercredi
петък / vendredi
вторник / mardi
събота / samedi
четвъртък / jeudi
неделя / dimanche

вчера

hier

днес

aujourd'hui

утре

demain

сутрин

matin

обед

midi

вечер

soir

работни дни

jours ouvrables

уикенд

fin de semaine

година
année

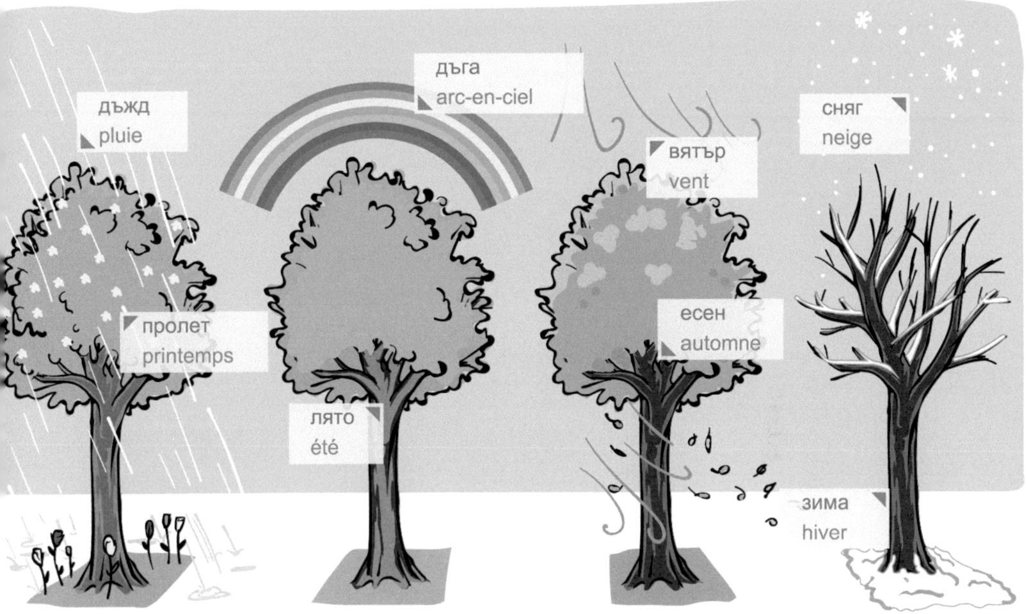

дъжд / pluie

дъга / arc-en-ciel

сняг / neige

вятър / vent

пролет / printemps

есен / automne

лято / été

зима / hiver

прогноза за времето

prévisions météorologiques

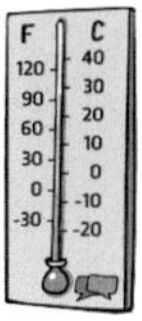

термометър

thermomètre

слънчева светлина

rayons du soleil

облак

nuage

мъгла

brouillard

влажност на въздуха

humidité

светкавица

foudre

гръмотевица

tonnerre

буря

tempête

градушка

grêle

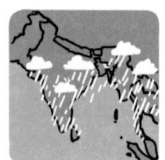

мусон

mousson

наводнение

inondation

лед

glace

януари

janvier

февруари

février

март

mars

април

avril

май

mai

юни

juin

юли

juillet

август

août

година - année

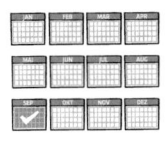
септември
septembre

октомври
octobre

ноември
novembre

декември
décembre

форми
formes

кръг
cercle

квадрат
carré

четириъгълник
rectangle

триъгълник
triangle

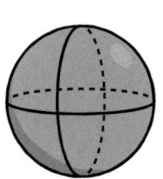
сфера
sphère

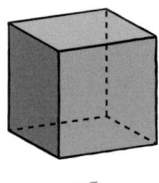
куб
cube

цветове
couleurs

бял
blanc

жълт
jaune

оранжев
orange

розов
rose

червен
rouge

лилав
violet

син
bleu

зелен
vert

кафяв
marron

сив
gris

черен
noir

противоположности
opposés

много / малко
beaucoup / un peu

ядосан / спокоен
en colère / calme

красив / грозен
beau / laid

начало / край
début / fin

голям / малък
grand / petit

светъл / тъмен
lumineux / sombre

брат / сестра
frère / sœur

чист / мръсен
propre / sale

пълен / непълен
complet / incomplet

ден / нощ
jour / nuit

мъртъв / жив
mort / vivant

широк / тесен
large / étroit

ядлив / неядлив

comestible / non comestible

сърдит / любезен

méchant / gentil

развълнуван / скучаещ

être enthousiaste / s'ennuyer

дебел / тънък

gros / mince

най-напред / най-накрая

premier / dernier

приятел / враг

ami / ennemi

пълен / празен

plein / vide

твърд / мек

dur / mou

тежък / лек

lourd / léger

глад / жажда

faim / soif

болен / здрав

malade / en bonne santé

нелегален / легален

illégal / légal

интелигентен / глупав

intelligent / stupide

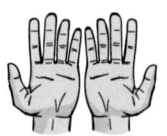

ляво / дясно

gauche / droite

близо / далече

proche / loin

нов / употребяван

neuf / usagé

нищо / нещо

rien / quelque chose

стар / млад

vieux / jeune

вкл. / изкл.

marche / arrêt

отворен / затворен

ouvert / fermé

тих / силен (звук)

calme / bruyant

богат / беден

riche / pauvre

правилен / погрешен

correct / incorrect

грапав / гладък

rugueux / lisse

тъжен / щастлив

triste / heureux

дълъг / къс

court / long

бавен / бърз

lent / rapide

мокър / сух

mouillé / sec

топъл / студен

chaud / froid

война / мир

guerre / paix

противоположности - opposés

87

числа
nombres

0
нула
zéro

1
едно
un

2
две
deux

3
три
trois

4
четири
quatre

5
пет
cinq

6
шест
six

7
седем
sept

8
осем
huit

9
девет
neuf

10
десет
dix

11
единадесет
onze

12 дванадесет douze	**13** тринадесет treize	**14** четиринадесет quatorze
15 петнадесет quinze	**16** шестнадесет seize	**17** седемнадесет dix-sept
18 осемнадесет dix-huit	**19** деветнадесет dix-neuf	**20** двадесет vingt
100 сто cent	**1.000** хиляда mille	**1.000.000** милион million

езици
langues

английски

anglais

американски английски

anglais américain

китайски мандарин

chinois mandarin

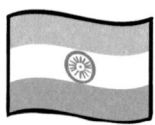

хинди

hindi

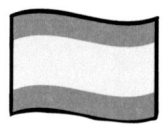

испански

espagnol

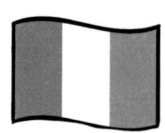

френски

français

арабски

arabe

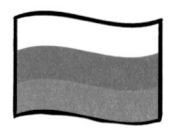

руски

russe

португалски

portugais

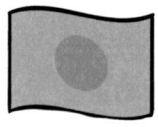

бенгалски

bengali

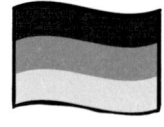

немски

allemand

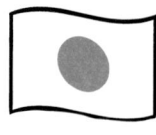

японски

japonais

кой / какво / как
qui / quoi / comment

аз
je

ти
tu

той / тя / то
il / elle / ce, c', cela

ние
nous

вие
vous

те
ils / elles

кой?
qui ?

какво?
quoi ?

как?
comment ?

къде?
où ?

кога?
quand ?

име
nom

къде
où

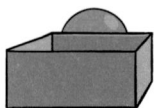

зад
derrière

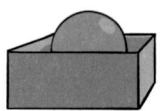

в
dans

пред
devant

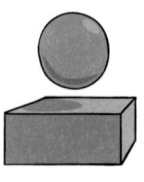

над
au-dessus

върху
sur

под
en dessous

до
à côté de

между
entre

място
endroit